Lit 1287.

HOTEL RICHELIEU
FOSSÉS DE L'INTENDANCE, 4.

BORDEAUX A LA MAIN

OU

PETIT GUIDE

DE L'ÉTRANGER

Offert à Messieurs les Voyageurs par l'Hôtel.

1859

ÉTABLISSEMENT HYDROTHÉRAPIQUE
DU BOUSCAT, PRÈS BORDEAUX,
AVEC MAISON DE SANTÉ & DE CONVALESCENCE.

DEUXIÈME ANNÉE.

CABINET DE CONSULTATIONS A BORDEAUX,
ALLÉES DE TOURNY, 56, A L'ENTRESOL, TOUS LES JOURS, DE MIDI ET DEMI A 2 HEURES.

Tenu par le Dr GUILLEMARD, OFFICIER DE LA LÉGION-D'HONNEUR, *ex-médecin en chef de l'Hôpital militaire de Bordeaux, médecin consultant de l'Établissement hydrothérapique du Bouscat.*

Prospectus, renseignements, ou écrire franco au Bouscat,

à M. A. C. DUVIGNAUD, Directeur.

EN VENTE CHEZ MM. CHAUMAS ET FÉRET, LIBRAIRES :

Manuel d'Hydrothérapie, à l'usage des gens du monde. In-12 de 216 pages.

Prix : 5 fr.

BORDEAUX A LA MAIN

ou

PETIT GUIDE

DE L'ÉTRANGER.

AVERTISSEMENT.

Ce petit livre n'a d'autre but que celui d'indiquer à l'étranger qui honore notre ville de sa présence, les monuments et les curiosités les plus dignes de fixer son attention, et de lui fournir les renseignements dont il peut avoir besoin (1).

---

(1) On trouve à la librairie Chaumas, fossés du Chapeau-Rouge, 34, le *Guide complet et historique de l'étranger dans Bordeaux et la Gironde*, orné de gravures et du plan de la ville. — 1 fr. 50.

1859

PRODUITS SANITAIRES

DE LÉCHELLE, A PARIS, RUE LAMARTINE, 35.

Remèdes curatifs des Maladies ci-dessous désignées.

GUÉRISONS EXTRAORDINAIRES.

L'EAU de LÉCHELLE pectorale et rénovatrice du sang rétablit les maladies MÊME DÉSESPÉRÉES de la poitrine, de l'estomac, des intestins, de la vessie, etc. etc., catarrhes, asthmes, crachements de sang, pertes, diarrhées, hémorrhagies, sang altéré ou appauvri. — Flacon : **5 fr.**

DOULEURS. LA SOIE DOLORIFUGE guérit et prévient les rhumatismes, la goutte, le lombago, les fraîcheurs et faiblesses musculaires. — La boîte : **3 fr.**

MAUX D'YEUX. LE COLLYRE DIVIN est ordonné contre l'inflammation et la suppuration des paupières, taies, faiblesses et perte de la vue. — Flacon : **1 fr.**

NÉVRALGIES. Le CASTOREUM NÉVROSINE est conseillé dans les migraines, gastralgies, spasmes nerveux, spleen et palpitations de cœur opiniâtres. — Flacon : **6 fr.**

MAUX D'ESTOMAC. — LA LIQUEUR D'HUFFLAND est employée contre les langueurs, gaz, gonflements, bile, glaires, digestions laborieuses et troubles gastro-intestinaux. — Flacon : **1 fr. 50 c.**

SEULS, LES MÉDECINS INITIÉS A LA COMPOSITION DE CES REMÈDES EN CONSEILLENT L'EMPLOI.

Dépôt dans les principales pharmacies de Bordeaux et de tous pays. — Toute expédition de 6 flacons ou boîtes est faite aux frais de la Maison LÉCHELLE, rue Lamartine, 35, à Paris.

BORDEAUX.

La ville de Bordeaux, chef-lieu du département de la Gironde, est située sur la rive gauche de la Garonne, à 596 kilomètres de Paris, par voie ferrée.

Elle est divisée en dix arrondissements de police et en six cantons ou justices de paix.

On y compte 23,000 maisons, 564 rues, 6 allées ou avenues, 15 cours ou boulevards, 2 fossés, 53 chemins, 105 impasses, 22 passages, 53 places, 11 quais, 1 cale habitée, 3 routes et 4 ruelles.

Sa population est de 149,928 habitants.

Préfecture.

L'Hôtel de la préfecture est situé fossés du Chapeau-Rouge. Les bureaux, placés sur le derrière de l'hôtel, rue Esprit-des-Lois, 24, sont ouverts de 1 à 3 heures du soir, à l'exception du secrétariat, où le public est admis de 9 heures à 4 heures.

Le bureau des passeports est établi à la caserne Municipale, rue des Trois-Conils ; il est ouvert tous les jours non fériés de 9 heures à 4 heures, et le dimanche de 10 heures à 1 heure.

Hôtel-de-Ville.

C'est dans ce monument que sont établis les bu-

DENTS ARTIFICIELLES.

M. MALLAN,

Chirurgien-Dentiste de Londres,

A BORDEAUX, RUE DE LA TAUPE, 33,

Pose les dents artificielles selon tous les SYSTÈMES CONNUS, sans crochet, ni ligature, ni pivot, soit DENTS OSANORES, MINÉRALES, ANGLAISES OU NATURELLES. Son minéral SUCCEDANEUM, pour mastiquer les dents gâtées, arrête la carie et le mal de dents.

ARQUIER, CHEMISIER,

Fossés de l'Intendance, 23.

CHEMISES SUR MESURES, cravates, foulards, chaussettes haute nouveauté, mouchoirs de poche, gilets de flanelle, etc.

MÊME MAISON :

MADAME ARQUIER, *seule dépositaire* du CORSET PLASTIQUE. Ce Corset est le seul préféré par les dames qui en ont déjà fait usage ; aussi élégant que tout autre, il a l'avantage de ne POUVOIR FATIGUER NI GÊNER.

reaux de l'Administration municipale ; ils sont ouverts au public de 10 à 5 heures.

Banque.

Les bureaux sont ouverts de 9 heures du matin à 4 heures du soir, excepté celui du dépôt des titres, qui se ferme à une heure.

Les 15 et fin de mois, la caisse des paiements est ouverte de 8 à 4 heures.

Postes.

Les guichets sont ouverts, en été, de 7 heures du matin à 7 heures du soir ; en hiver, de 8 heures du matin à 7 heures du soir.

Bourse.

La tenue de la Bourse pour les marchandises a lieu de 4 à 5 heures du soir, et celle pour les effets publics, de 5 à 6 heures.

Douanes.

Les bureaux sont ouverts depuis 8 heures du matin jusqu'à 4 heures du soir, du 1er avril au 30 septembre ; et de 9 à 4, du 1er octobre au 31 mars.

Consulats.

ANGLETERRE, place du Champ-de-Mars, 8.
AUTRICHE, quai de Bacalan, 6.
BADE, quai des Chartrons, 93.
BAVIÈRE, rue Saint-Paul, 53.
BELGIQUE, fossés du Chapeau-Rouge, 19.
BOLIVIE, Cours du XXX-Juillet, 13.

GRANDE MÉDAILLE D'HONNEUR A L'EXPOSITION UNIVERSELLE DE 1855.

ORFÉVRERIE CHRISTOFLE,

Improprement désignée sous le nom de RUOLZ.

B. CLAVÉ

Succursale de la Société Ch. Christofle et Cⁱᵉ, 49, fossés de l'Intendance,

BORDEAUX.

Couverts et petite Orfévrerie, Coutellerie, Services de table, à thé, à café, Surtouts, Candélabres, Articles pour hôtels, restaurants, cafés, Fournitures de navires.

PRIX DE FABRIQUE.

Bremen, quai des Chartrons, 103.
Brésil, rue Désirade, 12.
Brunswick, fossés de l'Intendance, 20.
Buenos-Ayres, rue Notre-Dame, 1.
Chili, rue Notre-Dame, 1.
Confédération Argentine, rue de la Taupe, 1.
Costa-Rica, fossés du Chapeau-Rouge, 9.
Danemarck, quai des Chartrons, 97.
Deux-Siciles, quai des Chartrons, 85.
Équateur, rue du Palais-Gallien, 72.
Espagne, rue Victoire-Américaine, 10.
États-Romains, rue du Champ-de-Mars, 7.
États-Unis, pavé des Chartrons, 28.
Francfort, quai des Chartrons, 88.
Grèce, rue Montméjean, 31.
Grenade (Nouvelle), rue Esprit-des-Lois, 2.
Haiti, quai des Chartrons, 93.
Hambourg, quai des Chartrons, 123.
Hanovre, quai de Bacalan, 28.
Hesse-Grand-Ducale, quai des Chartrons, 88.
Lubeck, quai des Chartrons, 40.
Mecklembourg-Schwerin, quai des Chartrons, 31.
Mexique, cours de Tourny, 49.
Nicaragua, allées de Chartres, 33.
Oldenbourg, quai de Bacalan, 16.
Pays-Bas, pavé des Chartrons, 5.
Parme, rue Victoire-Américaine, 10.
Portugal, rue Esprit-des-Lois, 2.
Prusse, quai de Bacalan, 22.

ÉBÉNISTERIE ET TAPISSERIE.

J. FOURNIER,

TAPISSIER DE LA VILLE,

Rue du Parlement-Sainte-Catherine, 12, et rue de la Devise, 45 et 47.

Fournitures pour la Marine, Ameublements, Tentures et Décors.

AVIS AUX ARCHITECTES ET AUX PROPRIÉTAIRES.

P. SARRAILLE,

ZINGUEUR-ORNEMANISTE,

81, RUE PORTE-DIJEAUX, 81.

SPÉCIALITÉ DE TOUS LES EMPLOIS DU ZINC.

Couvertures dans les meilleurs systèmes (à dilatation libre du métal); garantie de la solidité et de la durée des travaux, Ornements estampés pour marquises, mansardes, faîtages, clochetons, épis, girouettes, etc.

(TRAVAUX DE BATIMENTS). Chenaux, gouttière, tuyaux, châssis, ustensiles de ménage.

Les travaux très-importants, déjà exécutés par M. SARRAILLE, lui ont mérité les encouragements de la Société de la Vieille-Montagne et de MM. les Architectes, et en particulier plusieurs mentions honorables de l'Agence des travaux de Sa Majesté l'Empereur.

Il espère que ses soins et son activité à remplir les commandes qui lui seront faites lui obtiendront la confiance des personnes qui voudraient bien s'adresser à lui.

Russie, allées de Chartres, 39.
San-Salvador, allées de Chartres, 31.
Sardaigne, rue Lafayette, 8.
Saxe, pavé des Chartrons, 6.
Suède et Norwège, cours du XXX-Juillet, 24.
Suisse, rue du Parlement-Sainte-Catherine, 34.
Toscane, rue Montméjean, 31.
Turquie, fossés du Chapeau-Rouge, 26.
Uruguay, cours du XXX-Juillet, 26.
Venezuela, rue Fondaudège, 26.

Musées.

Le Musée de Peinture et de Sculpture de l'Hôtel-de-Ville est visible tous les jours pour les étrangers, sur la présentation de leurs passeports.

Le Muséum d'Histoire naturelle, rue Saint-Dominique, 2, est visible pour tout le monde les dimanches, de 10 heures à 3 heures, et tous les jours pour les étrangers avec passeports, de midi à 3 heures.

Le Musée d'Armes, à l'Hôtel-de-Ville, est visible tous les jours, sur le vu d'un passeport.

Bibliothèques.

La Bibliothèque de la Ville, rue Saint-Dominique, 2, est ouverte tous les jours, du 1er novembre au 31 août, de 10 heures à 3 heures, et de 7 heures à 10 heures.

La Bibliothèque de la Chambre de commerce, à la Bourse, au premier étage, est ouverte tous les jours non fériés, de midi à 5 heures.

AUX FORGES DES ARDENNES

Spécialité d'Articles de Ménage.

G. FARRET,

Rue Sainte-Catherine, 123, près la Fontaine du Poisson-Salé.

BORDEAUX.

Ustensiles de Cuisine en fer battu, Ferblanc et Zinc, Brosserie fine et ordinaire, Plumeaux et Balais de toutes sortes, Articles de Cuisine en fonte émaillée et ordinaire, Poêles, Fourneaux.

— GAZOGÈNE-BRIET —

Objets de Cheminée, tels que : Soufflets, Pelles et Pinces, Candélabres, Flambeaux, Lampes modérateur et autres, Garde-Cendres et Garde Étincelles, etc. Boiserie pour Ameublements.

FONTAINES A FILTRE

Dépôt de Coffres-forts incrochetables et incombustibles.

Églises les plus remarquables.

Saint-André et ses flèches. — Saint-Michel, sa tour et son caveau. — Saint-Louis. — Notre-Dame, — Saint-Seurin. — Saint-Pierre. — Saint-Bruno. — Saint-Éloi. — Sainte-Eulalie. — Saint-Paul. — Sainte-Croix.

Temples des différents cultes.

TEMPLE PROTESTANT, rue Notre-Dame, 14; *idem* rue du Hâ.

TEMPLE PROTESTANT ANGLAIS, pavé des Chartrons, 10. (On y prêche en anglais).

CHAPELLE ÉVANGÉLIQUE, rue Ferrère, 17.

TEMPLE ISRAÉLITE, rue Causserouge, 14.

Cimetières.

LA CHARTREUSE, lieu d'inhumation des catholiques, chemin d'Arès, près l'église Saint-Bruno.

CIMETIÈRE DES PROTESTANTS, avenue de l'Impératrice.

CIMETIÈRE DES ISRAÉLITES, route d'Espagne.

Jardin-des-Plantes.

Le nouveau Jardin-des-Plantes, situé cours du Jardin-Public, est ouvert tous les jours.

Théâtres.

PRIX DES PLACES :

GRAND-THÉATRE. — Loges à salon, 4 fr. 50; premières, stalles d'orchestre et de balcon, 3 fr. 50; en

CHOCOLAT-LOUIT

MOUTARDE-DIAPHANE, PATES & CONSERVES ALIMENTAIRES.

Ces produits ont été honorés de 10 Médailles aux Expositions de l'Industrie
1844-1847-1850-1854-1855-1857-1858.

USINE A VAPEUR
DE TIVOLI
AU BOUSCAT.

LOUIT FRÈRES & C°

Négociants-Manufacturiers.

BORDEAUX.

Médaille d'argent grand module, décernée en 1854, par Son Exc. le Ministre du Commerce.

MAISONS SUCCURSALES :
A PARIS : 50, Boulevard de Sébastopol.
A MARSEILLE : 9, Rue de l'Arbre.

DÉPOTS PRINCIPAUX :
A

LONDRES, BRUXELLES, VIENNE, AMSTERDAM, TRIESTE
CONSTANTINOPLE, NEW-YORK, VALPARAISO,
LA RÉUNION, BUENOS-AYRES, NEW-ORLÉANS,
SAN-FRANCISCO,

et dans toutes les principales villes
DE FRANCE ET DE L'ÉTRANGER.

location, 5 fr.; secondes et parterre, 2 fr.; troisièmes, 1 fr. 25.

Théatre-Français. — Premières et parquet, 2 fr.; en location 3 fr.; secondes, 1 f. 25; troisièmes, 75 c.

Théatre des Folies-Bordelaises. — Premières 1 fr.; secondes, 50 centimes.

Bals et Concerts.

Salle de la Renaissance, près la Croix-Blanche. — Concerts à 1 franc.

Plaisance, rue Judaïque, 166. — Bals publics tous les dimanches; prix d'entrée, 50 centimes.

Luxembourg, rue Saint-Vincent-de-Paule, 85 et 87, près la gare du Midi. — Bals tous les dimanches.

Café-Concert, à La Bastide, place Napoléon.

CHEMINS DE FER.

Bordeaux est le point de départ de quatre lignes de chemins de fer, savoir :

1º Ligne de Paris.

2º Ligne de Lyon, s'embranchant sur celle de Paris à la station de Coutras.

3º Ligne de Cette, avec embranchement de Narbonne à Perpignan.

4º Ligne de Bayonne, avec embranchement sur Arcachon et Mont-de-Marsan.

AU GRAND COLBERT

LES PLUS VASTES MAGASINS DE NOUVEAUTÉS DE BORDEAUX

ET

VENDANT LE MEILLEUR MARCHÉ,

situés

Rue Jean-Jacques-Rousseau, 22, et rue Condillac, 34.

PRÈS. LES ALLÉES DE TOURNY.

Prix fixes marqués en chiffres connus.

PRIX DES PLACES. — LIGNE DE PARIS.

STATIONS.	1re CLASSE.		2e CLASSE.		3e CLASSE.	
	F.	C.	F.	C.	F.	C.
Lormont............	»	65	»	50	»	35
La Grave..........	1	55	»	95	»	65
Saint-Loubès.....	1	65	1	10	»	80
Saint-Sulpice....	2	15	1	60	»	95
Vayres.............	2	45	1	70	1	05
Libourne.........	2	45	1	70	1	15
Saint-Denis.......	4	35	3	»	2	15
Coutras............	5	80	4	35	2	90
Laroche-Chalais.	7	70	5	80	3	75
Chalais	9	25	6	95	5	10
Montmoreau......	11	05	8	30	6	10
Charmant.........	12	50	9	40	6	90
Mouthiers.........	13	35	10	»	7	30
La Couronne......	14	10	10	60	7	75
Angoulême......	14	90	11	20	8	20
Ruffec.............	20	25	15	20	11	15
Poitiers.........	27	55	20	65	15	15
Chatellerault....	31	20	23	45	17	15
Tours............	38	85	29	10	21	40
Amboise..........	39	50	30	35	22	35
Blois..............	45	25	33	90	24	90
Beaugency........	48	70	36	50	26	85
Orléans	51	70	38	75	28	50
Paris	65	25	48	80	36	05

Section de Coutras à Périgueux.

Montpont.........	8	15	6	05	4	25
Mussidan..........	9	85	7	40	5	25
Saint-Astier.....	11	85	8	90	6	35
Périgueux	13	75	10	30	7	40

AU GANT D'OR

72, rue Sainte-Catherine, 72.

MAISON FERRON ET CIE

SPÉCIALITÉ DE GANTS SUPÉRIEURS

25 p. 100 de rabais des prix des autres marchands.

MÊME MAISON

Spécialité de coiffures et de postiche ; articles de nouveauté, cravates, faux-cols, manchettes ; porte-monnaie or et argent, écaille et ivoire ; bourses, carnets, boîtes fantaisie, boîtes à gants, éventails, peignes en écaille riches, brosses, parfumeries.

Prix fixes, marqués en chiffres connus.

FONDERIE & SERRURERIE.

A^{te} PAUL

Magasins et Comptoir, 12, rue Ségur.

Fontes de première et deuxième fusion sur modèles et de commande. Choix de fonte moulée, d'ornement et mécanique ; plus de vingt modèles de balcons à 45 fr. les 100 kilog.

GRANDE FABRIQUE DE LITS EN FER.

SOMMIERS-MATELAS, TRAVERSINS.

Lits riches dorés, peints et bronzés, à la demande. — Lits ordinaires à divers prix ; fournitures de lits à toute mesure dans un bref délai. — Sommiers élastiques première qualité, à toute mesure. — Meubles pour jardins, chaises, bancs, à tous prix.

EXPORTATION.

LIGNE DE CETTE.

STATIONS.	1re CLASSE.		2e CLASSE.		3e CLASSE.	
	F.	C.	F.	C.	F.	C.
Bègles	»	40	»	30	»	25
Villenave	»	70	»	55	»	40
Cadaujac	»	90	»	70	»	50
Saint-Médard	1	05	»	75	»	55
Beautiran	1	15	»	85	»	55
Portets	1	15	»	85	»	55
Arbanats	1	45	1	10	»	70
Podensac	1	70	1	25	»	85
Cérons	1	80	1	35	»	90
Barsac	2	»	1	50	1	»
Preignac	2	20	1	65	1	10
Langon	2	50	1	90	1	25
Saint-Macaire	2	70	2	5	1	35
La Réole	4	»	3	»	2	25
Marmande	5	50	4	»	3	25
Tonneins	7	25	5	50	4	50
Aiguillon	10	70	7	45	4	85
Port-Ste-Marie	13	»	8	70	5	20
Agen	15	25	10	20	6	10
Valence-d'Agen	18	15	13	60	9	10
Moissac	19	95	14	95	10	95
Montauban	23	05	17	30	12	70
Toulouse	28	80	21	60	15	85
Villefranche	32	50	24	35	17	85
Castelnaudary	34	95	26	20	19	20
Carcassonne	39	»	29	25	21	45
Narbonne	45	45	34	10	25	»
Béziers	48	40	36	30	26	60
Agde	50	75	38	05	27	90
Cette	53	30	40	»	29	30

DORÉ & Cⁱᵉ,

FABRICANTS DE CHAUSSURES.

PRIX FIXES ET RÉDUITS.

Magasins de vente au détail :

Fossés de l'Intendance, n. 14. — Allées de Tourny, n. 30.

Fabrique et Comptoir :

Rue du Jardin-des-Plantes, n. 21.

FABRIQUE SPÉCIALE DE BILLARDS.

A. DURAND

RUE BOUFFARD, 34.

ATELIERS : RUE MÉRIADECK, 51.

BORDEAUX.

Billards de tous les genres, garantis ; échanges et réparations ; bandes perfectionnées, caoutchouc et à ressorts, brevetés ; tapis, billes, procédés, bleu et blanc, dominos, damiers, boston, porte-journaux, trictracs, échecs, jetons, marquants, tablettes à jeu, porte-pipes pour cafés et cercles, et tout ce qui concerne les articles de limonadiers.

EXPORTATION.

LIGNE DE BAYONNE.

STATIONS.	1re CLASSE.		2e CLASSE.		3e CLASSE.	
	F.	C.	F.	C.	F.	C.
Pessac............	»	65	»	50	»	35
Gazinet	1	25	»	90	»	65
Pierroton	2	»	1	50	1	10
Chemin de Mios...	2	60	1	95	1	40
Marcheprime	3	»	2	25	1	65
Facture	4	15	3	10	1	70
Lamothe	4	50	3	35	2	25
Caudos	5	80	4	35	3	20
Salles............	7	05	5	30	3	90
Ichoux	8	50	6	40	4	70
Labouheyre	9	95	7	50	5	50
Sabres............	10	85	8	15	6	»
Morcenx	12	20	9	15	6	70
Rion	13	80	10	35	7	60
Laluque..........	15	»	11	25	8	25
Buglose	15	80	11	85	8	70
Dax..............	16	60	12	45	9	10
Rivière	17	70	13	25	9	75
Saubusse.........	18	25	13	70	10	05
Saint-Géours.....	18	70	14	05	10	30
Saint-Vincent....	19	40	14	55	10	65
Labenne..........	20	70	15	55	11	40
Le Boucaut.......	21	85	16	40	12	»
Bayonne..........	22	20	16	60	12	20
Embranchement d'Arcachon.						
Le Teich.........	4	80	3	65	2	25
Mestras	5	25	3	95	2	25
Gujan	5	40	4	05	2	25
La Hume..........	5	60	4	20	2	25
La Teste.........	5	95	4	45	2	25
Arcachon	6	25	4	70	2	45

LIGNE DE BAYONNE (*Suite.*)

Embranchement de Mont-de-Marsan.

STATIONS.	1re CLASSE.		2e CLASSE.		3e CLASSE.	
	F.	C.	F.	C.	F.	C.
Arengosse.........	13	20	9	90	7	25
Igos	14	»	10	50	7	70
Saint-Martin.....	15	»	11	25	8	25
Mt-de-Marsan ..	16	60	12	45	9	10

TARIF
DES VOITURES DE PLACE
Dans Bordeaux.

	DE 6 H. DU MATIN A MINUIT.		DE MINUIT A 6 H. DU MATIN.	
	la Course	l'Heure	la Course	l'Heure
Fiacres et Calèches....	1f 75	2f la 1re	2f 75	3f la 1re
Les heures suivantes..	....	1 75	....	2 50
Coupés................	1 50	1 75	2 »	2 50
Les heures suivantes..	....	1 50	....	2 25

Extérieur.

	GARE DES CHEMINS DE FER (la course).	HORS BARRIÈRES. (l'heure.)
Fiacres et Calèches....	2f »	3f la 1re. / 2 50 les suiv.
Coupés................	1 75	2 50 la 1re. / 2f les suiv.

TARIF DES VOITURES DE REMISE.

LE JOUR.	LA NUIT.
La Course ou l'Heure. 2f	La Course ou l'Heure. 3f

Nota. — Les droits de péage du Pont, aller et retour, sont à la charge des Voyageurs, pour la course à la Gare de Paris. — Les cochers sont tenus de faire 8 kilomètres à l'heure. — Le retour à vide sera payé moitié prix de la course d'aller.

OMNIBUS.

Lignes de Ville.

De la place Richelieu au Magasin des Vivres. — Intérieur, 20 c. — Banquette, 15 c.

De la Croix de Seguey à la place d'Aquitaine. — Deux stations, 15 c. chaque.

De la place Bourgogne à la place Picard. — Deux stations, 15 c. chaque.

De la place de la Comédie à la Croix-Blanche, 15 c.

De la place de la Comédie aux Enfants-Trouvés, 15 c.

Des Enfants-Trouvés au Pont-de-Brienne, 15 c.

De la place de la Comédie aux Capucins, 15 c.

Lignes de Banlieue.

Point de départ, place d'Aquitaine.

Pont de la Maye.	55 c.
Léognan.	80
Talence.	30
Gradignan.	45
Bègles.	30

Point de départ, Cours du XXX Juillet, 1.

Mérignac. . . . . 45 c.
Saint-Médard. 75
Blanquefort. 60
Vigean. 45
La Bastide. 25
Pessac. 25

Chemin de Fer de Paris.

Point de départ au Bureau Central, allées d'Orléans, 2.

PRIX DES PLACES :

40 c. par personne, 25 c. par colis. A domicile, 60 c.

Chemins de Fer du Midi.

Point de départ au Bureau Central, cours du XXX Juillet, 10.

PRIX DES PLACES :

25 c. par personne, 20 c. par colis. — A domicile, 50 c. par personne, 25 c. par colis.

BAINS DES QUINCONCES.

Ces bains sont directement alimentés par la Garonne.

Bains Ségur,
Rue Ségur, 14.

Bains d'eaux Minérales et Ferrugineuses de Monrepos.

A La Bastide, ancienne route de Paris.

Omnibus aux heures impaires, fossés du Chapeau-Rouge, 9.

Polythermes de la Gironde.

Rue Francklin, 7.

Bains russes, orientaux et ordinaires.

ARCACHON.

Sur les bords du bassin de ce nom.

Ville de bains, remarquable par la beauté de la plage, et par une immense forêt de pins et d'arbousiers qui l'environne.

Pèlerinage célèbre à Notre-Dame-d'Arcachon, belle église, style du 13e siècle.

Promenades à cheval, à 1 fr. l'heure. Excursions en pleine mer, trois fois par semaine, sur un bateau à vapeur spécialement affecté à ce service.

Ce séjour est spécialement recommandé aux personnes qui ont la poitrine faible.

Pendant toute la saison, de nombreux convois font le service, chaque jour, entre Bordeaux et Arcachon, à des prix très-modérés. La distance est de 60 kilomètres.

L'étranger doit visiter Arcachon, comme une des curiosités du Sud-Ouest de la France.

Bordeaux. — Imp. de J. DELMAS, rue Ste-Catherine, 139.

www.ingramcontent.com/pod-product-compliance
Lightning Source LLC
Chambersburg PA
CBHW060529050426
42451CB00011B/1722